AF602161

VUES NOUVELLES

SUR

LES PASSE-PORTS.

VUES NOUVELLES

SUR

LES PASSE-PORTS.

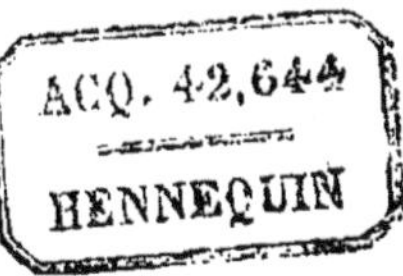

PAR M. BONET DE TREICHES,

Ancien Législateur, Directeur de l'Académie Impériale de Musique, membre de plusieurs Sociétés savantes.

PARIS.

De l'Imprimerie de la Préfecture du Département de la Seine, et des Annales des Arts et Manufactures, rue J.-J. Rousseau, n. 14.

1806.

AVERTISSEMENT.

Ce travail, imprimé aujourd'hui pour être mis uniquement sous les yeux de l'autorité publique, le fut au mois de pluviose an 7, par ordre du Corps Législatif. La commission nommée pour en prendre connaissance, en rendit un compte favorable, et en proposa l'adoption. Elle annonça *qu'elle était redevable à M. Bonet, de la Haute-Loire, ancien législateur, des idées qu'elle soumettait au conseil; on verra* (dit-elle) *par les développemens précieux que contient son mémoire, qu'il a des connaissances peu ordinaires sur les objets qu'il traite....* Des événemens particuliers empêchèrent l'exécution du plan que nous avons l'honneur de soumettre aujourd'hui à la sagesse et au génie qui veillent sur les destinées de la France.

IDÉES PRÉLIMINAIRES.

LES progrès que les lumières de ce siècle ont fait faire à la législation, ont aussi influé sur le perfectionnement de la police. Elle est devenue le complément de la sûreté des personnes et des propriétés, par les moyens de surveillance qu'elle a créés.

Lorsque avant la révolution française, l'Europe jouissait d'un calme profond, qui n'était interrompu de loin en loin que par les calamités de la guerre, la surveillance exercée par chaque gouvernement avait des limites très-étroites.

Mais les grands événemens que

nous venons de traverser, ayant occasionné pendant une période de dix années, sur la surface civilisée du globe, une sorte de fermentation dans les esprits, de mobilité dans les idées, une habitude de convulsion, et presqu'une volonté de désordre, les besoins de cette surveillance générale ont dû s'accroître avec les agitations éprouvées au sein de plusieurs états tour à tour ennemis secrets de la France ou coalisés contre elle. Ce sont ces besoins nouveaux de sûreté, soit pour les gouvernemens, soit pour les gouvernés, qui ont produit ces précautions légales, ces garanties de police connues sous le nom de *passe-ports*.

D'abord les émigrations, suites inévitables des secousses politiques, ensuite les correspondances secrètes établies sur mille points différens, ont nécessité l'emploi de ces formalités locales exigées par les magistrats, pour connaître le genre de communications qui avait lieu entre les hommes des divers départemens de la France et des divers états de l'Europe.

Qui ne sait, en outre, que les révolutions entraînent après elles une foule d'aventurièrs, de vagabonds et même de scélérats, habiles à faire leur profit des calamités générales, et à saisir, dans ce qui afflige l'humanité, l'occasion du brigandage et de tous les crimes qui peuvent favoriser leurs desseins pervers ?

Tous ces hommes-là doivent être maintenus, comprimés et mis à l'*index* de la police générale et particulière ; leur activité est un fléau, leur déplacement est presqu'un malheur.

Mais loin d'être utiles par leur régularité, les formalités des passe-ports étaient par tout différentes, et prêtaient, par cette diversité même, des moyens d'impunité et de circulation aux faussaires et aux hommes suspects à l'autorité publique. *L'uniformité absolue des passe-ports* est donc la première mesure à employer dans l'exercice de cette partie de la surveillance générale.

C'est un moyen de police, qui, étant porté au degré de perfection auquel nous croyons être parvenu dans cet écrit, servira efficacement à protéger les propriétaires, à rassurer les bons citoyens, à réprimer les méchans et à démasquer les malveillans, qui ne s'agitent qu'autant qu'ils se croient à l'abri des regards des magistrats.

Si nous atteignons, comme nous

osons le croire, le but desiré pour la sûreté publique (*quant aux passe-ports*), tout nous garantit que le résultat de nos travaux sera favorablement accueilli par un gouvernement sage et énergique, à qui nous devons déjà tant de reconnaissance pour l'extinction des partis, pour les soins donnés à la sûreté générale, pour les progrès de la surveillance journalière, et pour le perfectionnement des moyens d'administration publique.

Quelque médiocre que puisse paraître le travail que nous offrons dans ce moment, nous ne craignons pas de le présenter, parce que tout Français doit le tribut de ses pensées à l'Etat : c'est l'hommage le plus digne du monarque glorieux qui, dégageant la France des malheurs, des ruines, des dévastations en tout genre sous lesquels elle succombait, la rend, presqu'en un seul jour, à la gloire, à la grandeur, à la prospérité, aux vertus religieuses, civiles et militaires, qui sont les vrais soutiens d'un empire vaste et puissant.

VUES NOUVELLES
SUR
LES PASSE-PORTS.

SOMMAIRE.

Nous proposons de substituer aux passe-ports actuels, vicieux sous tous les rapports, de nouveaux passe-ports, uniformes, identiques, dont la vérification sera prompte et certaine, et la contrefaçon impossible.

Autant il a été facile jusqu'ici de fabriquer avec succès des passe-ports faux, autant nos combinaisons, si elles sont adoptées, mettront d'obstacles à ces nombreuses et funestes impostures.

Ces passe-ports ne produiront ni charges, ni entraves nouvelles, et n'exigeront d'autres lois que celles qui subsistent déjà.

Le Gouvernement n'aura aucuns frais à faire pour réaliser la création proposée.

Quelques mois suffiront pour étendre sur tout l'Empire cette salutaire et indispensable mesure.

PREMIÈRE PARTIE.

Vices des passe-ports mis en usage jusqu'à ce jour.

Le passe-port est une pièce de garantie réciproque accordée par l'autorité à l'individu qui voyage.

En assurant à l'*attesté* la protection des lois et de la police, il devrait en même temps donner à l'autorité une opinion fixe sur la conduite morale et politique de l'individu. Or, très-certainement aucun des passe-ports délivrés jusqu'à présent n'a pu atteindre ce double but.

Les dehors et l'apparence du voyageur confirment ou altèrent la valeur du passe-port qu'il produit. S'il offre l'extérieur d'un honnête homme, le passe-port est jugé excellent; s'il présente l'aspect d'un vagabond, on doute de la validité de ses papiers. Tel est, à peu près, tout l'effet qui résulte de l'exhibition des passe-ports.

Environ 55,000 autorités municipales ou administratives sont investies, dans l'empire français, de la faculté de délivrer des passe-ports.

Chacune d'elles a ses formes, son modèle et sa rédaction particulière. Le seul objet qui leur soit commun, est le papier timbré.

On imprime les passe-ports avec toute sorte de caractères; quelques-uns sont gravés, d'autres sont écrits à la main.

Les signatures dont ils sont revêtus, à peine connues dans le ressort qu'habitent les signataires, ne présentent qu'incertitude au dehors, et n'offrent aucune garantie de leur fidélité. Le même doute s'étend sur le type, les dates, le signalement, et sur toutes les parties du texte.

La falsification en est d'autant plus facile, que les encres qui servent à leur confection, disparaissent à l'aide des acides dont on les couvre.

Ce n'est que lorsqu'un événement majeur en provoque la vérification, que ces divers inconvéniens sont reconnus.

Tous ces abus prennent leur source dans la forme essentiellement vicieuse des passe-ports actuels, et dans la négligence qui préside à leur confection.

Il en résulte que pour faire un faux passeport, il ne s'agit que de se procurer une feuille de papier timbré, et d'en faire imprimer le texte, en se conformant à peu près à la formule adoptée par l'autorité dont on emprunte le nom.

Le timbre sec ou imprimé, le cachet et les autres signes, ne présentent pas plus de difficultés. L'à peu près, dans ces sortes d'imitations, est toujours très-bien ; l'imperfection même, à certains égards, provoque la confiance.

Le falsificateur choisit ordinairement le nom d'une municipalité peu connue.

Il se donne d'autant moins de peine dans la contrefaçon des signatures, qu'il a la certitude que le passe-port qu'il fabrique, ne passera jamais sous les yeux des fonctionnaires qui sont censés l'avoir délivré.

La fausse authenticité de ce titre est corroborée par le concours de divers *visa*, que n'hésitent point d'accorder les autorités disséminées sur la route du voyageur.

A l'aide d'une pièce aussi valable en apparence, le faussaire parcourt avec succès tous les points de l'empire, et colporte en tous lieux sa personne, ses projets et ses dangereuses dispositions.

Nul, sans doute, ne nous accusera d'avoir exagéré ces abus : l'expérience et la vérité sont pour nous.

Comment, en effet, sans pièces de comparaison, à travers 52,000 formules différentes et variées à chaque mutation de fonctionnaires ou renouvellement de fantaisie, une autorité parviendra-t-elle à constater la valeur de tel acte sorti, ou présumé sorti des mains d'une autre autorité lointaine ?

Quelle objection le magistrat de *Marseille*, par exemple, pourra-t-il opposer à un passe-port vrai, ou faux, qui semblera émané d'une municipalité des *environs de Mayence ?* En cas de doute, faudra-t-il constituer provisoirement en prison le porteur du passe-port, écrire à cette muncipalité lointaine, lui envoyer le passe-port, attendre une réponse plus ou moins lente, plus ou moins précise, et rendre enfin à une liberté tardive, en cas de validité reconnue, la victime d'un soupçon mal-à-propos conçu ?

Combien d'ailleurs cette immense variété de formules ne facilite-t-elle point l'audace des falsificateurs ! Elle est telle, que la paresse, et non la malveillance, a souvent multiplié les coupables. Bien des gens ont trouvé plus commode de faire eux-mêmes leur passe-port, que d'en aller chercher un valable dans une municipalité éloignée de quelques lieues.

Il est temps de faire cesser un désordre dont les effets sont si funestes pour la sûreté publique et individuelle.

Avantages des Passe-ports proposés.

Il est évident que le premier comme le meilleur moyen de prévenir les maux inséparables de la vicieuse constitution des passe-ports, consiste à leur donner le plus grand caractère d'authenticité.

Ce caractère si desirable ne peut dériver lui-même que de l'*uniformité* qui résultera d'une fabrication unique, spéciale, et portée *au plus haut degré de perfection, tant du papier, que des formes préparatoires du passe-port.*

L'*uniformité* préviendra les erreurs, les divergences et tous les désordres ; une même doctrine guidera des autorités assujetties aux mêmes devoirs, et il en résultera un système d'harmonie et d'intensité nécessaire dans tout bon gouvernement.

L'Empire français, soumis à un même chef, reconnaît et suit par-tout les mêmes lois ; son administration est une ; aucun privilége ne s'élève, ni en faveur des choses, ni en faveur des personnes ; il n'existe qu'un seul signe d'échange ; les poids et mesures sont combinés sur un seul et même principe ; par-tout règnent les mêmes règles et les mêmes formalités.

Les passe-ports seuls sont restés étrangers au principe de l'*uniformité*, quoique de l'uniformité seule dépendent leur valeur et les effets qu'on en attend.

Dès qu'il y aura un mode uniforme de passe-ports, que leur identité pourra être établie, et qu'un simple coup-d'œil suffira pour démontrer la validité ou le faux d'une pièce produite, alors cet acte remplira son objet, et sera réellement la double garantie donnée au certifié par l'autorité, et à l'autorité par le certifié.

Le principe de l'uniformité que nous invoquons pour le perfectionnement des passe-ports, sera d'une application aussi générale que salutaire.

La réunion des divers avantages qu'offre notre plan, démontrera aussi qu'il peut s'étendre *aux passe-ports pour l'étranger*, *aux lettres de marque*, *aux feuilles de route*, *aux congés*, et en un mot, à tous les actes en vertu desquels tout particulier se transporte d'un lieu dans un autre.

Il peut aussi s'appliquer avec un égal succès aux *certificats de vie*, aux *acquits à caution délivrés par les divers bureaux des douanes de l'Empire*, ainsi qu'aux *actes de concession de port d'armes et de chasse*, faveur que le Gouvernement distribue aux citoyens distingués, aux propriétaires fonciers, et à toutes les personnes d'une probité reconnue.

Que l'on veuille, en outre, remarquer avec nous combien l'adoption des passe-ports uniformes mettra d'obstacles aux divers efforts que *certains conscrits, ou leurs aveugles parens,* multiplient pour échapper à la loi de la conscription, cette loi si sage et si nécessaire, qui tout à la fois garantit et consolide l'Empire français.

L'un des grands avantages attachés à nos passe-ports, sera de suppléer, dans une multitude de circonstances, aux mesures fâcheuses, et presque toujours infidelles, d'investigation secrète. Cet heureux changement ennoblira les moyens de sûreté publique, en diminuera sensiblement la dépense, et donnera à la surveillance générale un caractère de grandeur, de justice et d'économie.

Enfin, les hommes d'état, et en général, toutes les personnes éclairées, pressentiront facilement, et sans attendre la mise en œuvre de notre projet, combien d'avantages il doit inévitablement produire. Le plus précieux, outre ceux que nous avons déjà développés, sera d'ajouter à la stabilité de l'Empire, en l'environnant de toute la force que présentent les bons citoyens, et en le garantissant des pièges des méchans et des efforts de la malveillance.

Dès que les nombreux résultats attachés à l'institution des passe-ports *uniformes* et inimitables, auront été reconnus, et que cette institution aura été ordonnée, nos moyens d'exécution se trouveront prêts. Les machines qui ont servi à la confection des assignats, dont la perfection est connue, et que la rouille dévore, pourront être employées utilement à la fabrication proposée.

Le papier, les caractères, les poinçons d'acier, et les autres objets accessoires, seront disposés en très-peu de temps.

Tout sera fabriqué sous nos yeux et sous la surveillance du Gouvernement, dans un point central établi à Paris, comme le furent les assignats, comme le sont aujourd'hui les billets de loterie et les billets de banque. La mise en activité de cet établissement est calculée, et disposée d'avance dans toutes ses parties. Des artistes et des ouvriers, tous d'un talent supérieur, sont prêts à réaliser les travaux que nous avons annoncés, et à leur donner le plus haut degré de perfection.

Nous allons, dans la seconde partie de cet

ouvrage, développer l'ensemble des recherches théoriques et pratiques auxquelles nous nous sommes livrés depuis huit ans, pour parvenir à la confection des passe-ports *uniformes et inimitables*.

DEUXIÈME PARTIE.

Recherches techniques sur le mode de fabrication.

Rendre presque impossible la contrefaçon des passe-ports, offrir au public des signes frappans auxquels il ne puisse jamais se tromper, mettre dans les mains du Gouvernement des moyens simples, légaux et irrécusables de vérification ; tel est le triple but qu'il est nécessaire d'atteindre.

PRINCIPE GÉNÉRAL.

Choix des artistes.

Il n'est pas douteux que la fabrication des passe-ports ne doive être confiée aux artistes les plus distingués.

La grande perfection est l'écueil du faussaire; mieux une chose est faite, plus la contrefaçon en devient difficile, et par suite même impossible.

Ordonnance générale du passe-port.

La forme doit en être régulière, et présenter pour encadrement une bordure légère, dont les parties, quoique variées, offrent à l'œil un ensemble harmonieux et un tout indivisible.

Deux défauts sont également à éviter, la trop grande simplicité et la trop grande complication ; l'une serait aussi nuisible que l'autre.

Il faut arriver, dans la confection du passe-port, à une exactitude rigoureuse, à une identité parfaite, non-seulement dans chacune des parties prises séparément, mais encore dans leur réunion.

Enfin, la composition et les détails doivent être tels, qu'il en résulte un passe-port facile à reconnaître, qu'on ne puisse imiter.

Ce n'est qu'en combinant les obstacles moraux et physiques, et en multipliant les difficultés, que l'on pourra parvenir à cet heureux résultat ; à moins que les contrefacteurs n'aient à leur disposition de grandes facultés pécuniaires, d'habiles artistes de différens genres, en un mot, un concours de moyens qui, entraînant avec eux une publicité forcée, amènent aussi bientôt la chûte de leur établissement criminel.

Formule du passe-port.

La feuille destinée à devenir un passe-port, tenant à un registre relié ou cartonné, sera composée de deux parties. La première, qui se détachera de l'autre par une coupure ondulée et latérale, sera le *passe-port* que l'on délivrera au certifié.

La seconde en sera le *talon* et restera inhérente au registre. L'une et l'autre contiendront les mêmes écritures, détails, numéros, signatures et renseignemens. Ainsi le *talon* sera *minute*, et le *passe-port expédition*.

Tableau des objets qui doivent concourir à la formation des passe-ports uniformes.

Papeterie, pâte servant de pierre de touche, souches et talons, caractères, gravure identique et de rencontre, timbre sec, dessins, filigranes, assemblage de poinçons ou matrices en un seul bloc, polytypage, préparation des encres, impression, typographie, timbrage, signalemens, pour ainsi dire, *pittoresques*, signes secrets et de convention : tels sont les principaux procédés dont l'accord est indispensable pour la parfaite fabrication des passe-ports.

Papier.

Les qualités les plus essentielles à donner au papier, sont la finesse, l'élasticité, le nerf, et surtout la minceur, pour éviter le grattage, et parce que le papier fort est sujet à se couper.

Sa pâte doit contenir des substances telles, que la moindre tentative, à l'aide d'acides pour en faire disparaître l'écriture, soit révélée sur-le-champ, et devienne sensible aux yeux les moins clairvoyans.

Son étoffe doit porter des signes frappans et inaltérables. Les filigranes seuls ne suffiraient pas : il existe plusieurs moyens de les imiter.

L'interposition des opaques y forme des clairs et des sombres qui mettront toujours en défaut les contrefacteurs, même ceux qui auraient à leur disposition de grandes facultés et qui fabriqueraient eux-mêmes le papier.

Souches ou talons.

Leur utilité, précédemment prouvée *par les assignats de* 1000 *fr. et de* 2000 *fr.*, tire une force nouvelle de la forme actuelle *des billets de loterie et de ceux de la banque.* Tous ceux qui se trouvaient altérés ou contrefaits, ont été reconnus par leur rapprochement *de la souche.*

Les *talons* que l'on propose ici, sont combinés de manière à bannir jusqu'à l'ombre de l'inquiétude.

La *souche* à gauche occupera précisément la moitié de la feuille dans sa longueur, parce que cette souche doit contenir l'analyse exacte du passe-port, c'est-à-dire, le nom du département et de la commune, la date, les nom, prénoms, âge, lieu de naissance, de départ, de passage et de destination ultérieure, enfin le signalement pittoresque de l'individu.

L'autre moitié de la feuille à droite sera le passe-port même.

Au milieu de la feuille, prise en longueur, la bande du passe-port qui le joint à la souche, sera marquée par des filigranes bien prononcés, qui formeront dans l'étoffe du papier *un premier talon* transparent et ineffaçable.

Au *recto*, des lettres bien dessinées et des traits confusément entrelacés, présenteront *un deuxième talon*, qui doit être imprimé d'une couleur particulière (rouge) et différente de celle qu'on emploiera (noire) pour le texte de la souche et du passe-port.

Au centre de ce talon typographique, on réserve en blanc la mouche circulaire sur laquelle doit être frappé le timbre sec qui donne *un troisième talon*.

Au *verso* du talon, sur les parties correspondantes au talon imprimé, devront être posées en longueur et hors de la mouche, deux signatures, l'une, celle de l'officier public, l'autre, celle du demandeur du passe-port.

Ces signatures, dont les formes et la position varient sans cesse, tandis que le talon typographique est constant, offrent *un quatrième talon.*

Enfin la coupe onduleuse qui sépare le passe-port de la souche, procure *un cinquième talon.*

Quelque habiles que puissent être les contrefacteurs, il est de toute impossibilité qu'ils viennent jamais à bout de rendre fidellement les points de coïncidence et de raccord de ces signes récognitifs. Ils formeront *la serrure de combinaison et de sûreté des passe-ports.*

La souche est d'ailleurs, comme nous l'avons précédemment observé, la minute de l'acte délivré. Composée des mêmes détails, elle sert de pièce de comparaison, tant du passe-port, que de chacune de ses parties.

Caractères.

L'ensemble de la composition doit présenter des caractères romains et italiques, de la ronde et de l'écriture anglaise, en grandes et petites lettres.

Ces caractères auront des différences sensibles de formes et de proportions avec toutes les matrices connues et vulgairement employées dans les diverses imprimeries.

Leurs formes doivent être de la beauté la plus parfaite, et réunir les contours les plus purs.

Il est cependant avantageux d'y établir exprès quelques négligences ou signes particuliers destinés à la découverte des faux passe-ports. C'est un des meilleurs moyens à la faveur desquels on peut porter obstacle à toute imitation coupable. En effet, les imitateurs, placés loin du secret de ces imperceptibles et volontaires erreurs, qui consistent en cassures, linéamens, et autres prétendus accidens, ne pourront être assez clairvoyans pour les reproduire, et tomberont dès-lors dans le piége qu'on leur aura ainsi préparé.

Gravure identique ou de rencontre.

Ce qui coûte le moins au faussaire est la parfaite imitation de toutes sortes d'écritures et de signatures; mais la contrefaçon exacte de la gravure présente de très-nombreuses difficultés : tel excelle à manier la plume, qui ne sait conduire ni le burin, ni l'échoppe, ni l'onglette.

Cependant, si la perfection avec laquelle sera exécutée l'écriture du passe-port, si les caractères variés dont on se servira, ne peuvent mettre à l'abri de la contrefaçon; si l'art des faussaires, porté aujourd'hui à un degré effrayant de perfection, parvenait non-seulement à bien imiter ces caractères, mais encore à contrefaire de façon à s'y méprendre, les diverses signatures que l'on pourra y apposer, quelque compliquées qu'elles soient; si leurs efforts pouvaient même s'élever jusqu'à la copie fidelle des ornemens, allégories et encadremens du cartouche, leur industrie perfide s'arrêtera devant ce que l'on appelle *gravure de rencontre*.

C'est avec cette espèce de gravure que se font *les griffes*. En plaçant une belle griffe sur chaque face du papier, et en l'imprimant d'une manière différente de celle qu'on emploiera pour le texte, cette précaution suffira pour dérouter le contrefacteur le plus adroit.

Au nombre des artistes qui seront mis en œuvre, il en est un d'une habileté distinguée, et qui possède un moyen sûr et expéditif de multiplier des types identiques ou de rencontre, qui bravent toute contrefaçon.

Timbre sec.

Sa composition doit être empruntée de l'antique, et en représenter le caractère. Elle exige un burin également mâle et flexible. L'exergue doit être en relief, et les autres écritures en creux ; il faut y ménager une brisure, moyen de le rendre inimitable.

Le *timbrage perpendiculaire au balancier* ou *coupoir*, est le seul propre à bien rendre les finesses de la gravure, et à présenter à l'œil une empreinte franche et durable.

Le timbre doit être placé avec la plus exacte précision sur la *mouche* destinée à le recevoir.

Sur tout il faut éviter que le coin ne coupe, ou même n'altère circulairement le papier, autrement la feuille devra être mise au rebut.

Poinçons ou matrices. Polytypage et impressions.

Si l'on consent à mettre à notre disposition les poinçons des lettres qui ont servi à la fabrication des assignats, il y a tout lieu de penser qu'il s'y trouvera des lettres de tout genre qui pourront nous servir, et éviter par conséquent de nouvelles fabrications, sauf à suppléer à celles de lettres qui manqueraient.

L'assemblage en bloc de tous ces poinçons peut être considéré comme un vaste cachet dont on frappe l'empreinte sur une planche de métal avec laquelle s'exécutent ensuite les impressions.

Ce procédé que l'on appelle *polytypage*, a été porté depuis plusieurs années à la dernière perfection ; la combinaison du plomb et de l'étain, matières premières de la planche, le degré de chaleur et de liquéfaction du métal, sa séparation absolue de toutes parties hétérogènes, sa pureté parfaite, enfin l'empreinte qu'on en obtient, admirable par sa fidélité dans toutes les parties, sont dus à des procédés aussi simples qu'ingénieux.

Lorsqu'il sera question d'imprimer avec ces planches, on aura soin de donner beaucoup de foulage au papier. Cette précaution garantit des atteintes de la taille-douce qui fournit au faussaire des moyens de contrefaçon très-faciles et très-expéditifs.

L'impression doit être faite à sec, afin que les dimensions du papier éprouvent le moins de changemens possible.

Il est indispensable, pour assurer les vérifications, de rejeter toutes les épreuves manquées, infidelles ou fautives, et de ne conserver que celles qui réunissent les caractères les plus parfaits de fidélité et de pureté.

Encres.

Plusieurs sortes d'encres sont nécessaires pour l'impression et le griffage.

Pour l'impression, on en emploie de trois couleurs différentes.

1°. Une encre d'*un noir luisant* et velouté pour le texte ;

2°. Pour le *talon*, une encre *d'un rouge vif*, et semblable à celle dont furent imprimées les promesses de mandats ;

3°. Pour la griffe identique, ou de rencontre, et son revers, une encre d'*un bleu pur*, semblable à celle qu'on a également employée dans les mêmes promesses.

Signalemens.

Tout le monde, à cet égard, est convaincu de deux vérités : 1°. Que les signalemens actuels sont d'une défectuosité choquante ; 2°. qu'il est indispensable de les rendre, pour ainsi dire, *pittoresques* et frappans de ressemblance.

Le signalement est le portrait écrit de l'individu signalé. Quoiqu'il soit vrai de dire que le crayon et le pinceau soient plus précis et plus positifs que l'écriture ou la parole, cependant l'une et l'autre ne sont pas dépourvues de moyens certains pour transmettre l'empreinte des physionomies.

Les signalemens n'ont été, jusqu'à présent, vagues et imparfaits, que parce qu'aucuns principes n'ont été proposés ni adoptés sur cette partie.

Nous avons combiné un mode de signalement qui ne permettra plus de se méprendre sur l'individu signalé.

La physionomie, le profil, la corpulence, les marques particulières, les cicatrices, le costume, l'habitude du corps, ce qu'on appelle *l'air*, c'est-à-dire, le caractère le plus distinctif de l'extérieur, seront définis, à l'aide de notre méthode, de manière à prévenir toute erreur.

Nous avons préparé à cet égard une instruction qui serait adressée aux autorités.

Par cette mesure, on rendra bientôt populaire un art infiniment utile, et dont à peine on soupçonne aujourd'hui les principes et les résultats.

Signes secrets et de convention.

Autant il est dû de protection aux honnêtes citoyens, autant il est essentiel de tenir sous une surveillance sevère les vagabonds, les aventuriers et les mauvais sujets. La circulation des premiers est souvent profitable; celle des derniers est toujours funeste.

Pour distinguer les uns des autres, nous proposons de placer sur les passe-ports des signes récognitifs *secrets*, qui serviront seulement aux autorités auxquelles seront présentés les passe-ports.

Au moyen de ces signes, la police, lors de ces événemens inattendus, qui obligent à une surveillance et à des perquisitions extraordinaires, aura les plus grandes facilités pour distinguer parmi les individus alors en circulation, les honnêtes gens, les suspects et les coupables.

L'on conçoit que dès-lors les vagabonds, les gens sans domicile et sans garantie, sont en quelque sorte marqués au front, et tombent dans les mains de la police; qu'au même instant, le magistrat devant lequel ils comparaissent, apprend ce qui les a amenés, ce qu'ils veulent, ce qu'ils ont fait, ce qu'ils se proposent de faire. Le silence des uns est expliqué par les déclarations et les aveux des autres; insensiblement tout est connu, tout est sous la main de la loi.

Dès-lors il sera aisé de séparer de ceux-ci les citoyens irreprochables; la police aura autant de moyens de s'assurer des uns, que de garantir le repos des autres.

Surveillance de la fabrication.

Cette surveillance doit être aussi sévère et aussi efficace que le fut celle de la fabrication du papier-monnaie, et, comme elle, doit s'étendre jusqu'aux plus petits objets.

C'est dans un lieu sûr, inaccessible, sous les yeux d'hommes probes et éclairés, que nous croyons que cette fabrication doit être établie.

Nous sommes d'avis aussi qu'il soit interdit aux artistes de mettre leurs noms à leurs ouvrages : le leur permettre, serait les signaler aux contrefacteurs, et les exposer à la surprise.

Comme dans tout le cours de la fabrication, pas même une seule feuille ne doit être égarée ni perdue, et que le transport du papier, son timbrage, sa mise en magasin, sa sortie, doivent être consignés sur des registres authentiques, un règlement à cet égard nous paraît indispensable.

Les dispositions de ce règlement devront naturellement embrasser tous les articles dont il est parlé dans ce mémoire.

Moyens de vérification pour le public et pour les administrations.

Il ne suffit pas que le gouvernement ait des moyens sûrs de reconnaître les faux passe-ports; l'ordre social et l'intérêt public exigent de plus que chaque citoyen puisse, par la seule inspection, discerner le vrai du faux.

Il faut donc imprimer aux passe-ports une physionomie tellement prononcée, que le public soit toujours frappé des dissemblances de la contrefaçon; il faut, dans toutes les parties du passe-port, ménager des caractères saillans et irrécusables de reconnaissance, qui puissent être aisément saisis par tout le monde.

Dans beaucoup de cas, la confrontation *par juxta-position*, ne suffit pas, parce que l'œil ne saisit que l'à peu près de si petites dimensions. Avec quelque rapidité qu'il se porte d'une partie sur l'autre, ne pouvant faire qu'une comparaison successive et vague, il n'en résulte qu'un jugement incertain; mais la vérification de deux papiers minces et diaphanes, sera facile et sûre *par la superposition*; elle sera d'autant plus juste, qu'elle sera simultanée.

Cette confrontation se fera en plaçant deux

passe-ports l'un sur l'autre, de manière que les clairs et les sombres du papier, sur-tout les caractères d'impression, se couvrent au point de se confondre, et que, regardés au jour ou à la lumière, ils ne présentent plus à l'œil qu'une seule et même image. On verra sur-le-champ, sans loupe, sans recherche et presque sans attention, si quelques-uns des caractères sont plus larges, plus bas, plus hauts et plus écartés qu'ils ne doivent l'être. La moindre ligne mal tracée, le moindre coup de burin échappé, le moindre trait oublié ou mal rendu, se montreront à l'instant, et dévoileront le faux à la sagacité la plus commune.

L'expérience a déjà montré les avantages de cette vérification *par superposition ;* elle a complètement réussi *pour les assignats de* 1000 *fr*, *de* 2000 *fr. et de* 10,000 *fr.*

On peut donc assurer que *la superposition* est un *criterium* infaillible pour la vérification des passe-ports identiques.

A ces précautions, il serait possible d'ajouter celle de faire renouveler les passe-ports de temps en temps, et à des époques imprévues.

Mode de comptabilité.

Le directeur de la fabrication remettra dans les bureaux du Ministère de la police générale, les passe-ports préparés et reliés en volumes de 1000, de 500, de 200, de 100 et de 25 feuilles.

De ces bureaux, ils passeront aux préfets et commissaires-généraux de police des départemens, qui, par l'intermédiaire des sous-préfets, les feront parvenir aux autorités locales chargées de la distribution des passe-ports.

Les percepteurs, sans attendre les avances des maires, acquitteront, dans les mains des receveurs-généraux, le montant des feuilles de passe-ports, sur les sols additionnels imposés pour les dépenses des communes.

Cet acquittement anticipé mettra les receveurs-généraux à même de se couvrir *des bons de caisse*, payables à trois mois, qu'ils feront passer à S. Ex. le Ministre de la police générale, sur le vu des bordereaux d'envoi de volumes de passe-ports duement revêtus des récépissés souscrits par les préfets.

Les receveurs-généraux, dans les trois mois de date de leurs bons, seront remboursés, sur le produit des sols additionnels, par les percepteurs ou receveurs particuliers.

L'emprunt fait sur les sols additionnels, sera à son tour couvert progressivement par l'acquit du prix des passe-ports, à mesure que la délivrance s'en effectuera.

Le directeur de la fabrication des passe-ports, sera acquitté du montant de ses fournitures, par les bons des receveurs-généraux que lui remettra S. Ex. le Ministre de la police générale, après avoir arrêté ses bordereaux ou mémoires.

Le mode par nous proposé n'est point une innovation. Il est pratiqué avec succès pour l'acquittement de l'envoi, à toutes les autorités civiles, administrations judiciaires et municipales, *du Bulletin des Lois*, conformément à l'arrêté du 29 prairial an 10.

RÉSUMÉ ANALYTIQUE

Du plan des passe-ports uniformes et inimitables.

Le passe-port est tout à la fois une garantie réciproque donnée par l'autorité au particulier qui voyage, et la caution de ce particulier vis-à-vis de l'autorité.

Pour produire ce double et salutaire effet, il doit réunir tous les caractères de l'*authenticité*, avantage qu'on n'a point encore obtenu.

Le grand nombre d'autorités municipales et administratives revêtues de la faculté de délivrer des passe-ports (on en compte cinquante-cinq mille), l'immense variété de formes de ces actes, les moyens nombreux et faciles de les altérer ou de les contrefaire, la nullité ou l'impuissance des modes de vérification, ont multiplié les contrefaçons et les contrefacteurs d'une manière alarmante pour la sûreté générale.

De-là sont résultés les plus graves inconvéniens : 1°. défaut de garantie en faveur des bons citoyens ; 2°. faculté pernicieuse de circulation accordée aux mauvais sujets ; 3°. obstacle aux moyens de perquisition et de vigilance publiques. Ces vices sont si funestes à la société, qu'il vaudrait mieux supprimer la mesure des passe-ports, que de continuer d'en délivrer d'aussi défectueux.

Long-temps occupé de ces pénibles vérités, nous en avons cherché le remède.

Il consiste à mettre le passe-port à l'abri de toute contrefaçon.

On y parviendra en lui imprimant le type de l'*uniformité*, et en élevant sa forme et sa contexture au plus haut degré de perfection.

Il sera préparé un papier spécial, réunissant la finesse, le nerf et l'élasticité desirables. Son étoffe, dénonciatrice de la plus légère tentative d'altération, présentera en outre des signes récognitifs, tels que des filigranes, des clairs et des sombres adroitement ménagés.

On emploiera des caractères particuliers et très-variés, réunissant l'élégance à la pureté des contours, et différant, par leurs proportions et leur style, de tous les caractères connus.

L'assemblage de tous les poinçons en bloc; le polytypage exécuté en formats solides; la préparation des encres diverses; la simplicité et la pureté d'exécution de l'encadrement, des allégories, et de toutes les parties d'ornemens; le timbrage et l'impression à sec; une griffe identique et de rencontre, imprimée en différentes couleurs sur les deux faces du papier; l'emploi des *souches* ou *talons*; la beauté et la perfection de l'ensemble, se réuniront pour opposer au contrefacteur des obstacles insurmontables.

Enfin, l'on aura recours aux procédés employés pour les assignats de 10,000 francs, comme étant les plus parfaits.

Les objets qui servirent à la fabrication des assignats, et qui se rouillent faute de service, peuvent être employés utilement pour les nouveaux passe-ports.

Les plus habiles artistes et ouvriers, dans les diverses parties qui doivent concourir à cette institution, nous sont connus, et sont prêts à nous seconder.

La feuille disposée pour les passe-ports, se composera de deux parties :

La première, qui se détachera de l'autre, par une coupure ondulée, sera le passe-port lui-même.

La deuxième, inhérente au registre dont il va être parlé, sera l'*original* ou la *minute* du passe-port délivré, et contiendra les mêmes détails.

Cette minute, appelée *souche* ou *talon*, restera, avec le registre, dans les mains de l'autorité constituante du passe-port; elle en sera le moyen de confrontation.

Les feuilles préparées pour passe-ports seront reliées en registres de 1,000, 500, 200 100 et 25 feuilles. Ces registres, déposés par le directeur de la fabrication dans les bureaux de S. Ex. le Ministre de la police générale, seront de-là envoyés aux préfets des départemens, qui les feront passer aux autorités chargées de la distribution des passe-ports.

La fabrication de ces feuilles sera soumise à une surveillance égale à celle qu'on employa pour le papier-monnaie.

Le mode de recouvrement des frais du *Bulletin des lois*, sera celui auquel on aura recours pour rentrer dans les dépenses de la fabrication proposée.

Cette institution est calculée de manière à ne nécessiter aucune loi nouvelle, à ne déranger aucune habitude, à n'occasionner aucun surcroît de dépense individuelle ou publique.

Elle n'est qu'un mode nouveau et plus parfait de régularisation et de sureté générale.

La validité, l'altération ou la fausseté d'un passe-port présenté, sera reconnue sur-le-champ par la simple *superposition* de cet acte sur un autre, ou sur une feuille de modèle, dont à cet effet seront munies les autorités.

Non content de donner au passe-port toute l'authenticité desirable, et de le garantir de la contrefaçon, nous proposons une méthode de signalement telle, que sa lecture garantisse l'identité de l'individu signalé, et prévienne toute méprise ou imposture.

En outre, nous indiquons des moyens propres à faire connaître par les autorités ceux des individus mis en circulation, qui provoquent les regards particuliers de la police, soit par une existence d'aventurier, soit par la dépravation de leurs principes moraux ou politiques, soit par une habitude de désordre et d'improbité.

Ces indications secrètes donneront aux autorités, lors d'une crise quelconque, la facilité de faire un triage, et de séparer les mauvais sujets des gens de bien.

Avec cette ressource on parviendra à simplifier et à préciser les travaux de perquisition, et à les diriger sur la portion suspecte et vagabonde de la société.

L'honnête et paisible citoyen sera, par les nouveaux passe-ports, environné d'une entière garantie; ils lui assureront partout la considération dont il jouit dans ses foyers ; le commerce, l'industrie, l'amour des sciences, les affections particulières, et même la simple curiosité, leur devront des moyens de circulation plus rapides et plus sûrs.

Ils accroîtront la liberté individuelle, et produiront la sûreté de tous.

Ils ajouteront à l'action de la police générale et locale de l'Empire, un nouveau degré d'intensité, d'ensemble et d'harmonie, auquel s'oppose la vicieuse composition des passe-ports actuels.

Ils seront, en un mot, pour la société, une caution universelle de tranquillité, et presque de bonheur.

Une fois tous ces avantages reconnus, on peut raisonnablement prévoir que le *mode d'uniformité* s'étendra des passe-ports de l'intérieur aux *passe-ports pour l'étranger*, aux *congés*, aux *lettres de marque*, aux *feuilles de route*, aux *certificats de vie*, aux *acquits à caution*, ainsi qu'aux *actes de naissance*.

Les concessions de port-d'armes et de chasse, y devront être assujéties.

Ce mode complétera enfin les mesures de précaution et de sûreté publiques.

De combien d'avantages pour le fisc, pour la

police et pour la *conscription*, cette institution proposée ne sera-t-elle point suivie?

Napoléon-le-Grand a soumis au principe de l'uniformité les lois, les administrations, les mesures et les droits de tous. Notre proposition a le même principe pour base.

Ses avantages sont évidens. Puisse-t-elle fixer les regards du génie qui veille sur l'Empire, obtenir son suffrage, et être admise au nombre de ses travaux et de ses bienfaits !

FIN.

www.ingramcontent.com/pod-product-compliance
Ingram Content Group UK Ltd.
Pitfield, Milton Keynes, MK11 3LW, UK
UKHW020452180726
13839UKWH00004B/1773

9 782329 139173